★ Mi gobierno de Estados Unidos ★

¿Cómo elegimos a nuestros líderes?

Por William David Thomas

Gareth Stevens
Publishing

Please visit our web site at www.garethstevens.com. For a free catalog describing Gareth Stevens Publishing's list of high-quality books, call 1-800-542-2595 (USA) or 1-800-387-3178 (Canada). Gareth Stevens Publishing's fax: 1-877-542-2596

Library of Congress Cataloging-in-Publication Data available upon request from publisher.

ISBN-10: 0-8368-8870-7   ISBN-13: 978-0-8368-8870-6 (lib. bdg.: alk. paper)
ISBN-10: 0-8368-8875-8   ISBN-13: 978-0-8368-8875-1 (softcover: alk. paper)

This edition first published in 2008 by
Gareth Stevens Publishing
A Weekly Reader® Company
1 Reader's Digest Road
Pleasantville, NY 10570-7000 USA

Copyright © 2008 by Gareth Stevens, Inc.

Senior Managing Editor: Lisa M. Guidone
Creative Director: Lisa Donovan
Cover Designer: Jeannie Friedman
Interior Designer: Yin Ling Wong
Photo Researchers: Kimberly Babbitt and Charlene Pinckney

Spanish Edition produced by A+ Media, Inc.
Editorial Director: Julio Abreu
Chief Translator: Adriana Rosado Bonewitz
Production Designer: Faith Weeks

Picture Credits: Cover, title page: Jupiter Images; p. 5 © Rick Freidman/Corbis; p. 7 Shutterstock; p. 8 Charles Krupa/AP; p. 9 Victoria Arocho/AP; p. 10 © Corbis; p. 11 © Hulton-Deutsch Collection/Corbis; p. 13 © Gareth Stevens; p.15 © Wally McNamee/Corbis; p. 17 © Reuters/Corbis; p. 19 Timothy A. Clary/AFP/Getty Images; p. 20 Susan Walsh/AP; p. 22 Bob Daemmrich/Corbis; p. 23 Courtesy of Governor Rick Perry's office; p. 24 Tim Sloan/AFP/Getty Images; p. 26 © David Saffran/Icon SMI/Corbis; p. 28 Luis Martinez/AP; p. 29 J. Pat Carter/AP

Printed in the United States of America

1 2 3 4 5 6 7 8 9 10 09 08 07

Contenido

Capítulo 1 Una taza de café... 4

Capítulo 2 Cómo se elige al presidente 6

Capítulo 3 Elección de los miembros del Congreso 16

Capítulo 4 Elección de funcionarios estatales.................23

Capítulo 5 La importancia de votar................................27

Glosario 30

Para más información...31

Índice...32

Las palabras que están en el glosario aparecen en **negritas** la primera vez que se usan en el texto.

CAPÍTULO 1

★

Una taza de café

Sucedió en un pueblo pequeño en Nueva Hampshire. Era una fría mañana de invierno en 1980. Martha estaba trabajando el turno del desayuno en su cafetería. Sus clientes regulares estaban llegando. Se sentaron frente al mostrador o en sus mesas de costumbre. Martha recorrió el local, sirviendo café y tomando órdenes de huevos, pan tostado, y panqueques.

Un desconocido entró y fue a una de las mesas. Les dio la mano a las personas que estaban sentadas ahí, les habló durante algunos minutos, y después fue a otra mesa. Cuando Martha llevó sus órdenes de desayuno, también llevó una taza de café para el desconocido.

Algunos minutos más tarde, dos hombres del diario local se presentaron. Hablaron con el desconocido y le tomaron una foto. Después de hablar con la mayoría de las personas que estaban en la cafetería, el desconocido se marchó. Hizo un gesto de despedida con la mano mientras caminaba hacia la puerta.

Martha recogió algunos de los platos sucios. Le preguntó a uno de sus clientes, "¿Quién era ese tipo?"

"¿Estás bromeando?"

"No, hablo en serio. ¿Quién era?"

"Martha, era Ronald Reagan".

"¿Ronald Reagan, el que era actor?"

"Sí".

"¿Qué estaba haciendo aquí?"

"Se está postulando para presidente".

Ronald Reagan habla a un grupo en Concord, Nueva Hampshire, en 1980. Reagan (retratado aquí con su esposa, Nancy) ganó la elección primaria del estado.

"¿De qué?"

"¡De Estados Unidos!"

"Bueno, de seguro no conseguirá mi voto".

"¿Por qué no?"

"¡No pagó su café!"

Algunas personas dicen que esa historia es cierta, y otras dicen que no. Pero podría ser cierta. Cada cuatro años, las personas que quieren ser presidente van a Nueva Hampshire. En ese estado tradicionalmente tiene lugar la primera **elección primaria** presidencial del país.

Los aspirantes a la presidencia viajan por todo el estado. Visitan cafeterías, granjas lecheras, universidades, zapaterías, y fábricas. Dan discursos y escuchan a los habitantes. Les dan la mano a muchos, e incluso besan a uno o dos bebés. Y a veces, olvidan pagar su café. Todo eso forma parte de la manera en que los estadounidenses elegimos a nuestros líderes.

CAPÍTULO 2

★

Cómo se elige al presidente

En Estados Unidos, la elección presidencial se realiza cada cuatro años. Las personas que quieren ser presidente tienen que empezar a trabajar mucho antes. A menudo empiezan sus **campañas** dos años antes de la elección. Postularse para presidente requiere mucho tiempo. También cuesta mucho dinero. Parte de ese dinero proviene de los **partidos políticos** principales.

¿QUIÉN PUEDE SER PRESIDENTE?

La **Constitución de Estados Unidos** enumera tres requisitos para ser presidente. Una persona tiene que:

- ser ciudadano de Estados Unidos por nacimiento.
- haber vivido en Estados Unidos durante los últimos 14 años.
- tener al menos 35 años de edad.

Partidos políticos

Un partido político es un grupo de personas que tiene las mismas ideas acerca de las leyes y el gobierno. Hay dos partidos políticos principales en Estados Unidos: el Partido Republicano y el Partido Demócrata. También hay muchos partidos de menor tamaño. Todos los partidos políticos trabajan para lograr que sus **candidatos** sean elegidos. Los miembros dan dinero al partido. También escriben cartas, hacen letreros, y van a reuniones.

¡BURROS Y ELEFANTES!

El demócrata Andrew Jackson se postuló para presidente en 1828.

Sus adversarios lo llamaron burro. Jackson puso imágenes de burros en sus carteles de campaña. Desde entonces, los demócratas han seguido haciéndolo. En 1874, el caricaturista político Thomas Nast hizo un dibujo para una publicación semanal. Mostró un burro disfrazado como león, asustando otros animales. Un elefante asustado en la caricatura representaba un "voto republicano". Desde entonces, el elefante ha sido el símbolo del Partido Republicano.

Elecciones primarias y reuniones electorales

A menudo, varias personas quieren ser el candidato presidencial de un partido. Las elecciones primarias ayudan al partido a decidir a quién apoyar. Cada uno de los partidos grandes lleva a cabo sus propias elecciones primarias en distintos estados. En muchos estados, sólo las personas que son miembros de un partido pueden votar en la elección primaria.

Las elecciones primarias por lo general empiezan muy temprano en un año de elecciones. La primera tradicionalmente ha tenido lugar en Nueva Hampshire. En lugar de una elección primaria, en algunos estados se realiza una reunión electoral. En esa reunión, los miembros de un partido político escogen a su candidato a presidente. Por lo general, en Iowa se realiza la primera **reunión electoral**. Las elecciones primarias y las reuniones electorales continúan durante la primera parte del año.

Durante las elecciones primarias frecuentemente se hacen encuestas de los votantes. Los resultados de la encuesta pueden aparecer en televisión, en diarios, o en publicidad.

En junio de 2007, estos ocho demócratas buscaban la nominación presidencial de su partido. Se reunieron para un **debate** en Manchester, Nueva Hampshire.

Carteles, banderines, y ovaciones son parte de las convenciones nacionales, donde cada partido anuncia oficialmente su candidato para presidente.

Las convenciones

Después de las elecciones primarias y reuniones electorales, cada partido principal elige a su candidato en una **convención nacional**. Las convenciones son espectáculos grandes y emocionantes. Se llevan a cabo durante el verano antes del Día de las Elecciones. Los líderes del partido comparten sus ideas acerca de temas importantes, como la educación y la salud. **Delegados** de cada estado votan. La **nominación** del partido se da al candidato que tenga más votos. El candidato seleccionado nombra a alguien para que se postule como vicepresidente. Cuando terminan las convenciones de los dos partidos grandes, realmente empieza el concurso por la elección.

Las campañas

Antes y después de las convenciones, los candidatos a la presidencia viajan por todo el país. Conocen a personas y dan discursos. Usan publicidad por televisión y radio, por correo y sitios web, para convencer a las personas que voten por ellos.

Estrellas de cine, atletas, y cantantes pueden hablar a favor de un candidato.

Los candidatos también participan en debates televisados. Los candidatos aparecen en el mismo escenario. Responden a preguntas sobre asuntos importantes y hablan de sus planes para el país.

El senador John F. Kennedy (izq.) debate con el vicepresidente Richard Nixon (der.). Ambos se postularon para presidente en 1960. Fue la primera vez que los debates entre candidatos presidenciales se televisaron.

El dinero juega un papel muy importante en todo esto. Las campañas presidenciales pueden costar más de $100 millones. Los candidatos y sus partidos invierten mucho tiempo y esfuerzo reuniendo dinero.

El candidato a la presidencia Franklin D. Roosevelt saluda a un granjero en Georgia en 1932. Poco después, Roosevelt fue elegido presidente por vez primera.

UNO, DOS (NO TRES) PERÍODOS, Y ADIÓS

La Constitución estableció que el presidente ocuparía el cargo durante un período de cuatro años. Al principio, no decía cuántos períodos un presidente podría ocupar el cargo. Durante 150 años, nadie ocupó el cargo más de dos períodos. Franklin D. Roosevelt fue elegido en 1932, y reelegido en 1936. En 1940, Roosevelt fue elegido para un tercer período. En 1944, fue elegido para un cuarto período. Pero, murió menos de un año más tarde. En 1951, se añadió una **enmienda** a la Constitución. La Vigesimosegunda (núm 22) Enmienda limita el cargo de presidente a dos períodos.

Día de las Elecciones

Las campañas culminan el Día de las Elecciones. La elección presidencial siempre se realiza el primer martes después del primer lunes de noviembre. Cuando los estadounidenses votan el Día de las Elecciones se llama el **voto popular**. Pero los estadounidenses no votan directamente por un candidato, sino por un grupo de electores que prometen respaldar al candidato que gane el voto popular.

El Colegio Electoral

Los electores en cada estado en realidad votan por el presidente. El grupo de electores constituye el **Colegio Electoral**. Cada elector es elegido por partidos políticos en cada estado. Cada estado recibe un cierto número de electores. El número es igual al total de miembros del estado en el Congreso (senadores más representantes). Los estados con más habitantes tienen más votos electorales. California recibe 55 votos electorales. Ohio recibe 20. Vermont sólo recibe tres. Aunque no es un estado, Washington, D.C., recibe tres votos electorales.

Los electores votan en diciembre — pocas semanas después del Día de las Elecciones. Por lo general, ellos se reúnen en la capital de su estado. Casi siempre, quien gana la mayoría de los votos populares en un estado gana todos los votos electorales de ese estado. En total, hay 538 votos electorales. Para ganar la elección, un candidato tiene que conseguir 270 de ellos. Si ningún candidato obtiene esa cantidad, la Cámara de Representantes vota para elegir al presidente. Esto ha sucedido dos veces, en 1800 y en 1824.

EL COLEGIO ELECTORAL

Los números en el mapa muestran los votos electorales para cada estado.

Nota: Alaska y Hawai no están dibujados a escala, y no están ubicados en sus posiciones geográficas.

¿SE QUEDA O SE VA?

El Colegio Electoral forma parte de la Constitución. Cambiarlo requeriría una enmienda constitucional. Ése sería un proceso prolongado y difícil. Sin embargo, ¿es el Colegio Electoral una buena idea? Algunas personas creen que Estados Unidos debe deshacerse del Colegio Electoral porque es injusto. Una razón es que un candidato puede obtener la mayor cantidad de votos de los ciudadanos, pero no llegar a ser presidente. Esto sucedió en 1876, 1888, y 2000. Otras personas argumentan que debemos mantener el Colegio Electoral. Dicen que el sistema ha funcionado desde que George Washington fue elegido presidente hace más de 200 años.

Día de la Investidura

El presidente empieza oficialmente el nuevo período el **Día de la Investidura**, que es el 20 de enero. Este día, el presidente recita el **Juramento de Toma de Posesión**, en el que promete dirigir el país y seguir las reglas de la Constitución. El presidente recita el mismo juramento que hizo George Washington en 1789 — y cada presidente desde entonces.

HECHOS FAMOSOS EL DÍA DE LA INVESTIDURA

- La primera investidura de George Washington en 1789 tuvo lugar en el Federal Hall en la ciudad de Nueva York, que era entonces la capital del país. El segundo discurso de investidura de Washington, en 1793, fue el más breve registrado. Con sólo 135 palabras, duró ocho minutos. La ceremonia tuvo lugar en Filadelfia.
- En 1841, William Henry Harrison dio el discurso de investidura más largo. Con 8,445 palabras, ¡duró casi dos horas!
- En 1925, el discurso de investidura de Calvin Coolidge fue el primero en ser transmitido por la radio.
- En 1937, Franklin D. Roosevelt se convirtió en el primer presidente en ser investido el 20 de enero, la fecha establecida en la Vigésima Enmienda de la Constitución. Antes de eso, la ceremonia de investidura era el 4 de marzo.
- El discurso de Harry S. Truman en 1949 fue el primero en ser transmitido por televisión.
- En 1997, la ceremonia de investidura de Bill Clinton fue la primera en transmitirse por Internet.

El Capitolio en Washington D.C., está cubierto con banderas y estandartes para la primera ceremonia de investidura de George W. Bush el 20 de enero de 2001.

LA ELECCIÓN DE 2000

La elección presidencial de 2000 fue una de las más **controversiales** en la historia de Estados Unidos. El vicepresidente Al Gore compitió contra el gobernador de Texas George W. Bush. Más personas votaron por Gore que por Bush, pero no se sabía exactamente quién tenía más votos en el Colegio Electoral. Quedó claro que quien obtuviera los votos electorales de Florida, ganaría. Pero hubo problemas con las **papeletas** de votación en Florida. El caso fue a la Suprema Corte — el tribunal superior en Estados Unidos. La Corte dictaminó que el conteo tenía que suspenderse. Bush fue declarado el ganador en Florida por poco más de 500 votos. Consiguió los votos electorales del estado y ganó la elección.

CAPÍTULO 3

★

Elección de los miembros del Congreso

Escribir la Constitución no fue una tarea fácil. Hubo muchas discusiones. Muchas de ellas fueron acerca del Congreso, el poder que hace las leyes. ¿Deben tener más legisladores los estados que tienen más habitantes? ¿Deben todos los estados tener el mismo número? El acuerdo final fue un plan llamado la Gran Concesión. Dijo que el Congreso tendría dos cámaras, o grupos de legisladores: el Senado y la Cámara de Representantes. En la Cámara de Representantes, los estados que tienen más habitantes tendrían más representantes. En el Senado, cada estado tendría dos senadores.

★ ★ ★ ★ ★ ★ ★ ★ ★ ★ ★ ★ ★ ★ ★ ★ ★ ★ ★

¿QUIÉN PUEDE SER UN MIEMBRO DEL CONGRESO?

Para ser elegido para la Cámara de Representantes, es necesario:	Para ser elegido para el Senado, es necesario:
• tener al menos 25 años de edad. • haber sido ciudadano durante siete años. • vivir en el estado que se desea representar.	• tener al menos 30 años de edad. • haber sido ciudadano durante nueve años. • vivir en el estado que se desea representar.

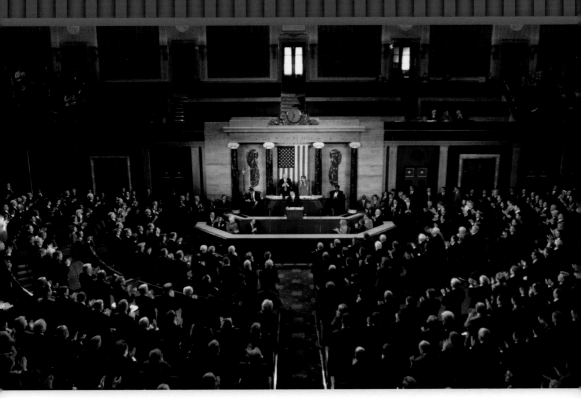

En marzo de 2007, el rey de Jordania pronunció un discurso ante ambas cámaras del Congreso en el Capitolio, en Washington, D.C.

Elección de los senadores

Durante muchos años, los senadores no fueron elegidos por los ciudadanos. Fueron elegidos por las **legislaturas** estatales. Este proceso cambió en 1913. La Decimoséptima Enmienda de la Constitución estableció que los senadores tienen que ser elegidos por un voto directo de los ciudadanos en su estado.

Hoy, hay 100 senadores en Estados Unidos — dos de cada estado. Cada dos años, una tercera parte de ellos tiene que postularse para reelección. Los senadores se eligen para que ocupen el cargo durante un período de seis años. No hay límite para el número de períodos que un senador pueda ocupar el cargo.

Los partidos políticos más grandes en cada estado — los republicanos y los demócratas — deciden quién se postulará para el senado. Si un partido tiene varios candidatos, puede llevar a cabo una elección primaria; esto le ayuda a determinar qué candidato tiene más oportunidad de ganar.

No todos los candidatos para el Senado son de los partidos grandes. Candidatos independientes, y los de partidos políticos pequeños también pueden postularse. Tienen que satisfacer requisitos estatales para estar en la papeleta de elección. Por ejemplo, tienen que presentar una petición firmada por un cierto número de votantes registrados. Las elecciones para el senado siempre tienen lugar el primer martes después del primer lunes en noviembre, en años pares: 2008, 2010, y así sucesivamente. En casi todos los estados, quien obtenga la mayor cantidad de votos gana.

PODER DEL PARTIDO

Quizá hayas escuchado acerca del partido mayoritario en el Congreso. Un partido político tiene una mayoría cuando sus miembros ocupan más de la mitad de los escaños. Un partido puede tener la mayoría en la Cámara o en el Senado — ¡o en ambos! Eso le da mucho poder. El partido mayoritario puede tener suficientes votos para aprobar una ley o detenerla; también escoge a líderes de comités importantes. Estos comités a menudo determinan cómo se escriben los proyectos de ley y cuáles se someten a votación para convertirse en leyes. En cada elección, los dos partidos políticos principales tratan de ganar más escaños de modo que puedan permanecer como el partido mayoritario.

En 2000, la ex primera dama Hillary Rodham Clinton fue elegida para el Senado de Nueva York.

La elección de representantes

Aunque cada estado tiene dos senadores, tienen números diferentes de representantes en el Congreso. El número exacto de representantes depende de la población del estado. Los estados que tienen más habitantes, como California, tienen más representantes que los que tienen menos habitantes, como Vermont.

Cada estado se encuentra dividido en distritos congresionales. Cada distrito recibe un representante. Tiene que haber casi el mismo número de habitantes viviendo en cada distrito. Por supuesto, esto significa que los distritos tienen diferentes tamaños. Todo el estado de Wyoming es sólo un distrito congresional.

Los habitantes en la ciudad de Chicago están divididos entre varios distritos.

Los miembros de la Cámara sólo representan a los habitantes de su distrito. Esto significa que los representantes pueden llegar a conocer con mayor facilidad las necesidades de esas personas. Pueden prestar mejor servicio a esas personas y a las comunidades donde viven.

¿QUIÉN PUEDE VOTAR POR PERSONAS EN EL CONGRESO?

Como votante registrado, puedes votar por alguien de tu estado que se haya postulado para el Senado. No es así para los representantes. Sólo puedes votar por los candidatos que se postulan en tu distrito congresional.

La representante Nancy Pelosi de California está rodeada por los hijos y los nietos de otros miembros del Congreso. Ella celebra después de convertirse en la primera mujer electa Presidenta de la Cámara, en enero de 2007.

GERRYMANDER

Hay 435 distritos del Congreso en Estados Unidos. Cada uno tiene que tener casi el mismo número de personas. Pero la población de los distritos cambia constantemente. Por lo tanto, los distritos congresionales se tienen que volver a trazar de vez en cuando. Los políticos tratan de trazarlos de maneras que ayuden a un mayor número de los candidatos de su partido a ser elegidos. A esto se le llama *gerrymandering*. La palabra proviene del nombre de Elbridge Gerry. Fue gobernador de Massachusetts. Mientras ocupaba el cargo, se trazaron algunos distritos congresionales muy extraños. Uno de ellos tuvo la forma de una salamandra. Un periodista dijo que debía llamarse *gerrymander* (o gerrymandra).

Al igual que con las elecciones del Senado, los partidos políticos deciden quién se postulará para la Cámara. Si un partido tiene varios candidatos, puede haber una elección primaria. El ganador será el candidato del partido para su distrito. También pueden postularse candidatos independientes y los de partidos políticos pequeños.

Los miembros de la Cámara ocupan el cargo durante un período de dos años. No hay límite para el número de veces que puedan postularse para reelección. Las elecciones de la Cámara se llevan a cabo en años pares. Siempre se realizan el primer martes después del primer lunes en noviembre.

RECUENTO DE HABITANTES

El número de representantes de un estado puede aumentar o disminuir. Depende de la población del estado. Pero la población del país — y de cada estado — cambia constantemente. Así que cada 10 años, el gobierno cuenta a los habitantes. Esto se llama el censo, y es exigido por la Constitución. Hoy, parte del recuento se efectúa con formularios que se envían por correo. Sin embargo, aún parte del recuento se realiza por trabajadores del censo que van de puerta en puerta.

Una trabajadora del censo entrevista a un propietario de casa en Texas durante el censo de 2000. Las preguntas incluyen el nombre y la edad de quiénes vivan en una casa, cuánto tiempo hayan vivido ahí, el número de recámaras y baños, y mucho más.

★

CAPÍTULO 4

Elección de funcionarios estatales

Al igual que el gobierno de Estados Unidos, los estados tienen funcionarios elegidos. Del mismo modo que en las elecciones nacionales, los partidos políticos grandes eligen a candidatos para postularse para cargos estatales. Si hay varios candidatos, un partido puede llevar a cabo una elección primaria. Tienen que satisfacer requisitos estatales para llegar a la votación. Casi todas las elecciones estatales son en noviembre. ¿Qué funcionarios se eligen? ¿Cómo se les llama? ¿Cuánto tiempo ocupan el cargo? Las respuestas son diferentes en cada estado.

En abril de 2007, tornados destruyeron hogares y negocios en Texas. El gobernador Rick Perry — frente a los micrófonos — dijo a los habitantes cómo el Estado los ayudaría.

Gobernadores

Cada estado tiene un gobernador. Es el funcionario de más alto nivel en un estado. Cada estado determina los requisitos para ser gobernador. Éstos pueden incluir edad, lugar de nacimiento,

FORMACIÓN PRESIDENCIAL

A menudo, los gobernadores de los estados llegan a ser presidentes de Estados Unidos. Desde 1976, cuatro gobernadores han sido elegidos presidentes. Jimmy Carter fue gobernador de Georgia. Ronald Reagan fue gobernador de California. Bill Clinton fue gobernador de Arkansas, y George W. Bush fue gobernador de Texas.

Estos ex gobernadores — George W. Bush (izquierda), Bill Clinton (centro), y Jimmy Carter (derecha) — llegaron a ser presidentes de Estados Unidos.

y el tiempo de residencia en el estado. Los estados también determinan por cuánto tiempo un gobernador ocupa el cargo. En Nueva Hampshire y Vermont, el gobernador ocupa el cargo por un período de dos años. Pero en casi todos los otros estados el gobernador ocupa el cargo durante cuatro años. Muchos estados limitan a sus gobernadores a dos períodos. Utah permite que su gobernador ocupe el cargo por hasta 12 años.

Legislaturas estatales

Hay muchas diferencias entre las legislaturas estatales. Nueva Hampshire es un estado pequeño, pero tiene la legislatura estatal de mayor tamaño. ¡Ahí trabajan 424 legisladores! La siguiente legislatura estatal de mayor tamaño está en Pensilvania. Tiene 250 miembros. Wyoming sólo tiene 90.

Casi todas las legislaturas estatales tienen dos cámaras. Una cámara por lo general se llama la Cámara de Representantes o la Asamblea. Los miembros representan sólo un cierto distrito dentro de sus estados. Sólo las personas que viven en ese distrito pueden votar por ellos. La otra cámara siempre se llama el Senado. En estados con poblaciones pequeñas, los senadores representan a todos. En estados de mayor tamaño, los senadores representan un distrito específico, y sólo sus residentes pueden votar por ellos.

¡ADELANTE, MUJERES!

Las mujeres en Wyoming obtuvieron el derecho de votar en 1869 — más de 50 años antes que las mujeres en muchos otros estados. Además, en 1925, Wyoming fue el primer estado que eligió a una gobernadora, Nellie Tayloe Ross.

Cada estado determina cuánto tiempo dura un período del cargo. En Maine, los senadores y representantes estatales ocupan el cargo durante períodos de dos años. En Arkansas, California, y Nueva York, los miembros de la asamblea estatal también ocupan el cargo durante dos años. Los senadores estatales en esos estados ocupan el cargo durante períodos de cuatro años.

Casi todos los estados también limitan el número de períodos durante los cuales se puede ocupar el cargo. En Ohio y Colorado, los miembros de la Asamblea están limitados a cuatro períodos, y los senadores estatales, a dos.

Gobiernos locales

Los gobiernos de condados, ciudades y pueblos tienen sus propias reglas acerca de la elección de funcionarios. Los alcaldes, jueces, alguaciles, y miembros del consejo escolar pueden ser elegidos. Los gobiernos locales realizan elecciones de maneras que funcionen lo mejor posible para los habitantes del área.

En 2006, el alcalde de la ciudad de Nueva York, Michael Bloomberg (derecha) depositó un poco de tierra para empezar a construir un nuevo estadio de béisbol para los Mets. Lo ayudaron los peloteros José Reyes (izquierda) y David Wright (centro).

CAPÍTULO 5

La importancia de votar

Trata de imaginar esto. En un país, hubo un grupo grande de habitantes que tenían el derecho de votar. Sin embargo, otro grupo de habitantes se los impedía. Cuando trataron de votar, los arrestaron. Les quemaron sus hogares. Mataron a algunos.

Todo esto sí sucedió, aquí en Estados Unidos, hace menos de 60 años. Esas personas eran afroamericanos. Se requirieron años de dificultades y valentía, pero su derecho a votar finalmente se respetó.

El derecho de votar

Los estadounidenses viven en una **democracia representativa**. Esta forma de gobierno da a los ciudadanos el poder para elegir a sus líderes. Los estadounidenses votan por personas para que los representen y tomen decisiones. Votar es el derecho más importante de los estadounidenses. En muchos lugares del mundo las personas no tienen el derecho de votar. No pueden elegir a sus líderes. No tienen voz en el gobierno. Votar es un derecho por el cual han muerto estadounidenses. Y tristemente, es un derecho que muchos ignoran.

CADA VOTO CUENTA

Una de las elecciones más reñidas en la historia de Estados Unidos tuvo lugar en 2004. Christine Gregoire fue elegida gobernadora del estado de Washington. Los votos del estado se contaron tres veces. ¡Ella ganó por un total de sólo 129 votos!

Uno de los problemas políticos más grandes en Estados Unidos en la actualidad es que los ciudadanos no votan. En la elección de 2000, sólo la mitad votó. ¡Quienes no votan renuncian a su oportunidad de generar cambios!

EL VOTO EN AUSTRALIA

En Australia, el 95% de los habitantes vota en las elecciones. Tienen que hacerlo. ¡Es la ley! Votar es obligatorio en Australia. Quien no vote, puede ser multado. Incluso puede ir a la cárcel.

Este autobús formó parte de la campaña presidencial "Rock The Vote" en 2004. La campaña utilizó discursos, música de rock, y cantantes, para estimular a los jóvenes a votar. ▼

Los ciudadanos a menudo esperan en fila para emitir sus votos.

¿Quién puede votar?

¿Eres ciudadano de Estados Unidos? Si es así, cuando cumplas 18 años, puedes registrarte para votar. Entonces tendrás el derecho de votar en elecciones locales, estatales y nacionales. Puedes votar por el presidente de Estados Unidos. Puedes ayudar a elegir al gobernador de tu estado. Puedes votar para aprobar o no la compra de computadoras nuevas para tu distrito escolar. No importa cuál sea el tema, votar te da voz en la manera en que se hacen las cosas.

¿QUIÉN QUIERE SER MILLONARIO?

Un hombre en Arizona quiere que más personas voten. Está tratando de lograr que se apruebe una ley nueva. La ley daría a los ciudadanos un billete de lotería si votan. Un votante podría ganar un millón de dólares.

Glosario

campaña: una serie de acciones planeadas y hechas para alcanzar un objetivo

candidato: una persona que se ha postulado para un cargo

Colegio Electoral: el grupo de 538 personas que eligen oficialmente al presidente de Estados Unidos

Constitución de Estados Unidos: las leyes y el plan escritos del gobierno de Estados Unidos

controversial: algo que hace que las personas tomen partido o discutan

convención nacional: una reunión grande en la cual un partido político anuncia oficialmente a su candidato para presidente

debate: discusión formal entre personas o grupos que no están de acuerdo

delegado: una persona que representa a otras

democracia representativa: una forma de gobierno en la cual las personas votan para elegir a los líderes del país

Día de la Investidura: las ceremonias, incluso el juramento de toma de posesión que marcan el inicio del período de gobierno de un presidente

elección primaria: una elección estatal en la cual los miembros de un partido político votan por su candidato para presidente

enmienda: un cambio oficial a la Constitución de Estados Unidos

Juramento de Toma de Posesión: el juramento que el presidente de Estados Unidos pronuncia para seguir las reglas establecidas en la Constitución

legislatura: el organismo que hace leyes en un gobierno

nominación: nombrar a alguien para que se postule para un cargo

papeleta: un formulario impreso o electrónico usado para votar

partido político: un grupo de personas que tienen ideas similares acerca del gobierno y las leyes

reunión electoral: una reunión especial en la cual los miembros de un partido político eligen a su candidato para presidente

voto popular: el número de votos emitidos el Día de las Elecciones

Para más información

Libros

America Votes: How Our President Is Elected. Linda Granfield.
(Kids Can Press)

Congress. Watts Library: U.S. Government & Military (series).
Suzanne LeVert. (Scholastic Library Publishing)

Constitution Translated for Kids. Cathy Travis (Synergy Books)

Our Elections. I Know America (series). Richard Steins. (The Millbrook Press)

Sitios web

The Democracy Project
www.pbskids.org/democracy/vote/index.html

Ben Franklin's Guide to the U.S. Government
bensguide.gpo.gov/3-5/election/index.html

Kids in the House: the Office of the Clerk of the House of Representatives
www.clerkkids.house.gov

Kids Voting
www.kidsvotingusa.org/page9597.cfm

Nota del editor para educadores y padres: Nuestros editores han revisado meticulosamente estos sitios Web para asegurarse de que sean apropiados para niños. Sin embargo, muchos sitios Web cambian con frecuencia, y no podemos asegurar que el contenido futuro de los sitios seguirá satisfaciendo nuestros estándares altos de calidad y valor educativo. Se le advierte que se debe supervisar estrechamente a los niños siempre que tengan acceso al Internet.

Índice

Asamblea 25, 26
Australia 28
Bloomberg, Michael 26
burro 7
Bush, George W. 15, 24
Cámara de Representantes 12, 16, 20, 21, 25
campaña 6, 10, 11
Carter, Jimmy 24
censo 22
Clinton, Bill 14, 24
Clinton, Hillary Rodham 19
Colegio Electoral 12, 13, 15
Congreso 12, 16, 17, 18, 19, 20
Constitución, de Estados Unidos 6, 11, 13, 14, 16, 17, 22
convención 9, 10
convención nacional 9
Coolidge, Calvin 14
debates 8, 10
delegados 9

democracia representativa 27
Demócrata 6, 7, 8, 10, 18
Día de la Investidura 14, 15
distritos congresionales 19, 20, 21
elección primaria 5, 7, 8, 9
electores 12
elefante 7
encuestas, 8
enmiendas 11, 14, 17
gerrymander 21
gobernador 15, 23, 24, 25, 27, 29
GOP 10
Gore, Al 15
Gran Concesión 16
Gregoire, Christine 27
Harrison, William Henry 14
Hechos famosos el Día de la Investidura 14
Jackson, Andrew 7
Juramento de Toma de Posesión 14

Kennedy, John F. 10
Nast, Thomas 7
Nixon, Richard 10
nominación 9
Partido Laborista 8
Partido Libertario 8
partido mayoritario 18
partido político 6, 7, 8, 9, 10, 12, 18, 21, 23
Partido Verde 8
Pelosi, Nancy 20
Perry, Rick 23
Presidenta de la Cámara 20
publicidad 8, 10
Reagan, Ronald 4, 5, 24
Republicano 6, 7, 10, 18
reunión electoral 7
Roosevelt, Franklin 11, 14
Senado 16, 18, 20, 21, 25
televisión 8, 10
Truman, Harry 14
voto popular 12
Washington, George 13, 14

Acerca del autor

William David Thomas vive en Rochester, Nueva York, donde trabaja con estudiantes que tienen necesidades especiales. Bill ha escrito documentación de software, textos publicitarios, libros para niños, artículos para revistas, ocasionalmente un poema, y muchas cartas. Bill asegura que una vez fue rey de Fiji, pero que dejó el trono para seguir una carrera de lanzador de relevo. Eso es falso.